José María Velasco

el paisajista

José María Velasco, *Autorretrato* (*ca.* 1864)

José María Velasco

el paisajista

Xavier Moyssén

Primera edición en Círculo de Arte: 1997

Primera reimpresión: 1997

Producción: CONSEJO NACIONAL PARA LA CULTURA
           Y LAS ARTES
           Dirección General de Publicaciones

Fotografías: Arturo Piera; CENIDIAP, Centro Nacional
           de Investigación, Documentación
           e Información de Artes Plásticas, INBA

D.R. © 1997, Dirección General de Publicaciones
        Calz. México Coyoacán 371
        Xoco, CP 03330
        México, D.F.

ISBN 968-29-9948-0

Impreso y hecho en México

La pintura de paisaje se practicó en México hasta el siglo XIX, primero por los pintores extranjeros que llegaron al país después de la Independencia, y más tarde en la Academia de San Carlos —recién reorganizada— gracias a la presencia, a partir de 1855, del paisajista italiano Eugenio Landesio. La variedad de temas que ofrece el territorio nacional pasó desapercibida para los pintores coloniales, pues cuando se veían obligados a emplear algún paisaje como fondo de alguna escena religiosa lo inventaban o, cuando no, lo copiaban de grabados europeos. Landesio fue contratado para la enseñanza de pintura de paisaje y perspectiva; en la Academia formó un número considerable de paisajistas, entre los que sobresalió en primer lugar José María Velasco, autor de una extensa obra cuyos méritos fueron reconocidos dentro y fuera del país.

José María Velasco nació en 1840 en Temascalcingo, una pequeña población del Estado de México. Muy joven se trasladó con su familia a la ciudad de México; ingresó a la Academia en 1858 gracias a que poseía una sobresaliente disposición para el dibujo y el empleo de los colores. Se inscribió primero con Pelegrín Clavé, pero pronto advirtió que esa no era la corriente pictórica que él buscaba para desarrollar sus facultades artísticas, razón por la cual se cambió al taller de Eugenio Landesio, quien no tardó en descubrir las cualidades de Velasco para dedicarse al paisaje y, como buen maestro, guió al joven discípulo hasta hacer de él un gran pintor. Su carrera estuvo marcada por una férrea voluntad de superación en el oficio que había escogido; cierto es que como pintor de paisajes obtuvo grandes honores, aunque también se vio obligado a hacer frente a las adversidades que la vida le fue presentando, tales como envidias, incomprensiones, intrigas, mas todo lo superó y al final de su existencia, en 1912, pudo recibir a la muerte con la confianza de haber cumplido con la meta que para su vida había trazado.

Pendiente de las lecciones de Eugenio Landesio, las primeras obras de José María Velasco están relacionadas con los géneros de arquitectura y paisaje, como lo muestran el *Patio del exconvento de San Agustín*, del cual pintó dos versiones (1860 y 1861), mejorando la segunda con las animadas escenas que incluyó, y *Fábrica de La Hormiga*, cuadro en que, a pesar de la tosca arquitectura del edificio fabril, el paisaje surge plenamente con las copas de los árboles, la caída de agua y el azul del cielo. El camino para la práctica de la pintura estaba abierto, pero no se alejó de las enseñanzas del maestro y, sin precipitaciones, siguió sus consejos. Para Landesio era requisito indispensable, de acuerdo con los principios estéticos que sustentaba, un conocimiento sin reservas de las formas de la naturaleza, a la cual el artista debía copiar fielmente, sin modificación alguna.

Velasco se dedicó a dibujar y a pintar las rocas y las frondas de los árboles; de hecho la mayor parte de su producción de la década de los años sesenta se refiere a ello. En *La Magdalena* buena parte del espacio está ocupado por la orografía del terreno.

Los paisajes con rocas le atrajeron sobremanera. Tres ejemplos son suficientes para certificarlo: *Rocas de Peña Encantada, Cerro de Guerrero en Guadalupe* y *Peñas del Cerro de Atzacoalco*. Con objetividad notable retuvo el tamaño de las rocas que estudiaba y los accidentes propios que éstas mostraban en su configuración, como la porosidad del tezontle, el musgo que se les iba adhiriendo y los diversos tonos de color.

Las lecciones de Landesio sobre árboles y arbustos, se llevaban a cabo en el sitio más a propósito: el cercano Bosque de Chapultepec. En una tela fechada en 1871 aparece el maestro en un claro del Bosque acompañado por Santiago Rebull y José María Velasco, quienes prestan su atención a las indicaciones del italiano rodeados por la tupida fronda de los añosos ahuehuetes. Al año siguiente Velasco firma su cuadro *Ahuehuetes de Chapultepec*, en el cual se advierte que la lección recibida dio óptimos frutos, máxime que en esta composición los gigantescos árboles se levantan en las orillas del histórico lago.

En el mismo periodo de su formación Velasco pintó dos cuadros con tema urbano, los cuales muestran una vez más la influencia de las enseñanzas de Eugenio Landesio: *Vista de la Alameda de México* (1863) y *Un paseo en los alrededores de México* (1866).

El tratamiento que tienen los follajes de los árboles, con sus contrastes de luces y colores, recuerdan las pinturas de Landesio que se encontraban en las galerías de la Academia y que Velasco debió analizar detenidamente. En 1868 José María Velasco recibió el nombramiento de profesor de perspectiva, en sustitución de Eugenio Landesio. Esto lo animó para emprender por cuenta propia la obra que lo distinguiría como paisajista de altos vuelos.

La década de los años setenta fue definitiva en la labor creativa de Velasco, por cuanto logró al advertir la belleza del Valle de México y la presencia de los grandes volcanes de cumbres nevadas. El Valle de México, visto desde distintos ángulos, y los volcanes Popocatépetl e Iztaccíhuatl serán asunto recurrente en su amplia producción; buena parte de su fama como paisajista la ganó con los cuadros de los volcanes, incluyendo el Citlaltépetl o Pico de Orizaba, del cual se ocupó por primera ocasión hacia 1875.

Tal vez alentado por el ejemplo de Eugenio Landesio, quien en 1870 presentó en la Academia su vista de el *Valle de México desde el Cerro del Tenayo*, Velasco se interesó por pintar el Valle desde distintas alturas y lo hizo en tres grandes telas que firmó con intervalos de dos años a partir de 1873. Para la primera obra trabajó dos dibujos a lápiz: uno a cierta distancia de la capilla llamada del Cerrito y de la Basílica; el otro, más alejado y desde otra altura, incluye los principales edificios de la ciudad de México numerados y señalados con colores para su identificación. Antes de acometer el primer cuadro se ocupó, posiblemente en 1872, de pintar una versión de menor tamaño, la cual contiene los mismos elementos paisajísticos de la obra definitiva que fechó en 1873; en ésta incluyó como elemento simbólico un grupo de indígenas que, aprovechando la caída de la tarde, detiene su camino para rendir pleitesía a una imagen de la Virgen de Guadalupe; el título de esta obra es *Vista del Valle de México desde el Cerro de Atzacoalco*. Desde la altura de dicho cerro el paisajista captó la grandeza del Valle mediante una sucesión de planos que resaltan la perspectiva: en un primer plano está situado el grupo de indígenas; le sigue el "cerrito" con su pequeña capilla antecediendo a la Basílica; en un plano intermedio está el espejo de agua de la laguna y a continuación se ve la mancha de la ciudad de México; el horizonte encuentra sus límites con la serranía del Ajusco. Toda la composición está cargada hacia el lado derecho, razón por la cual no aparecen los volcanes. El cuadro tiene en la parte inferior unas tonalidades cálidas que se van perdiendo a medida que se llega a la cordillera, un cúmulo de nubes blancas con ribetes dorados destaca sobre el azul frío del cielo.

Para pintar el cuadro de 1875 José María Velasco cambió de punto de vista; el Valle está pintado desde el Cerro de Santa Isabel, esto es, elevó la altura de su posición y con ello el panorama que se ofreció a su vista cambió notablemente. En el lado derecho de la composición aprovechó la presencia de un macizo rocoso junto al cual transitan una mujer cargando una criatura en compañía de un jovenzuelo que lleva un hato de leña y juguetea con unos perros. La inclusión de estos personajes sirvió al pintor para dar escala a la grandiosidad del paisaje. En la parte central del cuadro se levanta el Cerro Gordo y a continuación el Cerro del Tepeyac y la Basílica. Las aguas de la gran laguna se encuentran hacia el lado izquierdo y en el horizonte se localiza la ciudad de México; en la lejanía se levantan los volcanes que dan prestancia al Valle. Cuando el cuadro fue expuesto en la Academia causó sorpresa y admiración, tanto a los profesores como a los críticos de arte; Landesio, conmovido por el nivel de superación alcanzado por su discípulo predilecto y embargado por la emoción, declaró que después de esta pintura no se podía hacer nada más.

Para su tercera gran obra sobre el Valle de México, Velasco cambió nuevamente de perspectiva. Ahora el paisaje es visto desde el mismo Cerro de Santa Isabel, aunque desde una altura mayor en relación con el cuadro anterior. Esta tercera tela es conocida como *México*, título que en realidad se debe a una confusión: José María Velasco, en una línea inferior, lo fechó así: "México, 1877", y de ahí nace el equívoco. Y razón hubo para la equivocación ya que simbólicamente el cuadro contiene todos los elementos que identifican a la nación: el águila que ha cazado su presa, la serie de cerros hasta llegar al "cerrito" y a la Basílica, la laguna, la calzada que une al célebre santuario con la capital del país, la cadena montañosa que se inicia a la derecha con el Ajusco y termina en el extremo opuesto con los volcanes. En el cielo azul y transparente, un cúmulo de nubes se deshace dejando caer la lluvia sobre la serranía. Existe una diferencia notoria entre este paisaje y el de 1875; desde luego, en cuanto al clima es más frío, principiando por la magra vegetación que crece entre las rocas, los verdes secos de la árida naturaleza y el tono del cielo. El mismo año de 1877 José María Velasco recibe en la Academia el nombramiento de profesor de pintura de paisaje.

Líneas atrás hemos escrito que tanto el tema del Valle como el de los volcanes fueron constantes en la labor de Velasco. La primera obra en la que incluye al Popocatépetl y al Iztaccíhuatl es *Vista del Valle de México desde el río de los Morales*, fechada en 1873; el año corresponde también al de su primer cuadro desde Atzacoalco, en el que, por cierto, no aparecen los volcanes. En esta obra destaca, en primer término, una pareja de campesinos que recogen las tunas de una nopalera. Como el Valle no es visto desde las alturas, la composición obedece a otra línea del horizonte, a otra perspectiva; Velasco repitió la luz dorada del sol rasante de una tarde que cae. En 1874 el maestro realizó un viaje a Tlaxcala, ciudad de la que pintó varios cuadros así como un espléndido dibujo panorámico de gran amplitud. En una de las telas, sobre la pequeña población se levantan majestuosos el Popocatépetl y el Iztaccíhuatl, vistos desde un punto geográfico distinto del habitual, razón por la cual aparece el primero cargado hacia la izquierda, en tanto que el segundo lo está a la derecha. Como habitantes del Valle de México estamos acostumbrados a la visión que desde el mismo se tiene de los volcanes. La extrañeza que causa en el espectador ver los volcanes desde otro sitio geográfico llega a su clímax cuando se está frente a los cuadros que pintó José María Velasco desde Atlixco, en los cuales aparece en primer lugar el Popocatépetl y el Iztaccíhuatl al fondo.

No es posible ocuparse aquí de todos los cuadros que pintó Velasco sobre el Valle y los volcanes; como se comprenderá, con el correr del tiempo con frecuencia cambió de lugar de observación para tener otras vistas, otros horizontes y perspectivas; por otro lado, sus conceptos sobre la obra de paisaje se modificaron; no volvió a pintar desde las alturas y a partir de 1890 dibujó el Valle desde un nivel más llano, tal como se observa, por ejemplo, en *Camino a Chalco con los volcanes* (1891), el *Valle de México desde el Molino del Rey* (1898) y *Los volcanes en invierno* (1906).

Aunque el maestro no se olvidó de la figura humana, es a partir de 1880 cuando incluye con mayor frecuencia a hombres y mujeres en los paisajes que tienen por marco principal el Valle; así sucede, por ejemplo, en las dos versiones conocidas que trabajó desde las

Lomas de Tacubaya (1884 y 1885), y en el que pintó desde el *Molino del Rey* (1900). En un cuadro singular, en el que el tema no es el Valle, sino una vista romántica de *El Castillo de Chapultepec* (1899), incluyó a una elegante y feliz pareja que pasea por el Bosque, muy cerca del Castillo (pintura perteneciente al Museo Nacional de Praga). Velasco no se limitó únicamente a modificar su manera de interpretar los paisajes con los cambios señalados, sino que introdujo un nuevo y valioso factor: el de la luz. Así, los colores que empleó se tornaron más claros, más luminosos; sólo por excepción aparecen los grises y los negros.

Como ya se ha anotado, José María Velasco fue un paisajista apasionado por los volcanes; además del Popocatépetl y el Iztaccíhuatl se ocupó del volcán de Orizaba, el Citlaltépetl, al que descubrió durante un viaje que hizo a Veracruz. Entre 1875 y 1876 pintó dos cuadros muy semejantes en composición y colorido, los cuales fueron superados con el gran cuadro que realizó en 1892: *Volcán de Orizaba desde la Hacienda de San Miguelito*. Toda la experiencia que el maestro había adquirido quedó de manifiesto en esta obra magnífica, dividida en dos secciones de color. La línea del horizonte rebasa la mitad de la composición; en la parte inferior corre un río entre la maleza tropical del lugar y los verdes empleados para la exuberante vegetación marcan un contraste acentuado con los colores fríos de las montañas sobre las que se levanta el cono helado del volcán y con el azul del cielo transparente.

Velasco hizo gala de nuevo de su sabiduría como paisajista en 1897 con la *Cañada de Metlac*. Con la paciencia de un naturalista pintó, en el ángulo inferior izquierdo, una muestra de la variedad de plantas tropicales de la cañada por la cual se tendió la vía del ferrocarril que avanza en el lado derecho de la composición; los diversos cortes que se hicieron en las montañas están señalados oportunamente; el Pico de Orizaba se levanta por encima de la cadena montañosa. En cierta forma Velasco aprovechó los estudios que había hecho para trabajar su conocido cuadro *El puente de Metlac*, fechado en 1881; las dos obras tienen muchos elementos en común, por ejemplo, la presencia del ferrocarril; los conjuntos de plantas situadas en el ángulo inferior izquierdo son semejantes, sin embargo, lo que las distingue son el viaducto y el Pico de Orizaba, que únicamente aparecen en el cuadro de 1897.

En José María Velasco, aparte de un eminente paisajista, encontramos también a un hombre interesado en los estudios científicos sobre las diversas manifestaciones de la naturaleza. La primera obra con la que se dio a conocer en este sentido fueron dieciocho litografías iluminadas a la acuarela, realizadas para una obra de entregas periódicas mediante suscripción titulada *Flora del Valle de México*. Cada lámina, pulcramente dibujada, muestra la morfología de las plantas, en algunos casos con cortes en sus secciones para mostrar así sus órganos internos. La publicación fracasó por falta de suscriptores; sin embargo, principió a conocerse el interés científico de Velasco. En 1869 fue distinguido con el nombramiento de socio de número de la Sociedad Mexicana de Historia Natural. Otro trabajo en el que intervino como ilustrador fue el dedicado a los colibríes, estudiados por el naturalista Rafael Montes de Oca. También hizo diversas litografías para ilustrar varios artículos que se dieron a conocer en *La Naturaleza*, "revista de la sociedad". La mayor aportación científica de Velasco fueron los estudios sobre los ajolotes, presentados ante los miembros de la Sociedad Mexicana de Historia Natural; como complemento de su investigación, publicó varios dibujos sobre el anfibio en *La Naturaleza*.

Para el Museo de Geología, edificio recién construido, José María Velasco pintó grandes cuadros sobre la fauna y flora, terrestres y marinas, de las distintas etapas geológicas; los dibujos eran copias de tarjetas postales, a las cuales aplicó los colores convenientes a cada caso, confiado en sus estudios.

Por otra parte, la historia y la arqueología prehispánicas no le fueron indiferentes. En 1865 pintó *La caza*, cuadro espectacular por los violentos contrastes de luces y sombras. El tema es el de la cacería de un venado por parte de dos indígenas armados con arcos y flechas; la escena se desarrolla en una cañada inundada por las sombras de una noche próxima a caer; entre las laderas de la cañada se perfila la línea del horizonte que corresponde al gran lago donde Velasco incluyó, idealmente, las pirámides de Tenochtitlan; la luz dorada del atardecer ilumina la parte central de la composición, marcando un violento contraste con el cielo gris oscuro. Otro cuadro de contenido histórico es *Ahuehuete de la Noche Triste* (1885). Aquí, el histórico árbol se levanta frente a la vieja iglesia de Popotla. De esta obra el paisajista pintó dos versiones que sólo varían por el tamaño de la figura de un hombre que contempla el árbol.

En 1877 el arqueólogo Gumersindo Mendoza, director del Museo Nacional, trabajaba activamente en la zona de Teotihuacan; para llevar un registro esmerado de las exploraciones contrató como dibujante a Velasco, quien hizo dos litografías sobre las pirámides, las cuales aparecieron posteriormente en los *Anales* del Museo. Un año más tarde Velasco pintó, también para el Museo, dos óleos con los mismos temas de las litografías: *Pirámide del Sol* y *Pirámides del Sol y de la Luna*. Para trabajar el primero subió a la cúspide de la Pirámide de la Luna, desde la cual obtuvo una vista panorámica en la que destacan la Calzada de los Muertos, la gran mole de la Pirámide del Sol; cubiertas ambas por la vegetación propia de la zona, en el horizonte destaca la cordillera que cierra el Valle. También plasmó, con la luz de un atardecer, las pirámides del Sol y la Luna; en un primer término aparece la vegetación que se extiende en torno de los dos monumentos que se levantan a contraluz.

Superior a los cuadros de las pirámides de Teotihuacan es la obra que realizó en 1878 en otra zona arqueológica, localizada en un cerro cercano a Texcoco: el mítico

Baño de Netzahualcóyotl; labrado en una enorme roca que sobresale firme en la ladera de la montaña, el monumento destaca poderosamente en el árido paisaje del lugar.

Por otro lado, siguió con sus colaboraciones para el Museo Nacional; dibujaba a lápiz los monolitos de las salas del Museo y hacía algunas piezas de cerámica, las cuales iluminaba a la acuarela. Sus actividades ahí se hicieron imprescindibles, por lo cual recibió en 1880 el nombramiento oficial de dibujante de la institución, cargo que desempeñó hasta 1910.

Como parte de sus compromisos con el Museo Nacional, José María Velasco viajó a distintos sitios del país para inventariar, mediante dibujos, las esculturas en piedra, las pirámides y las piezas de cerámica que se habían salvado de los saqueos y la destrucción. En 1887 visitó la ciudad de Oaxaca y las zonas arqueológicas cercanas. Al pasar por Atlixco pintó varios cuadros en los que tanto el Popocatépetl como el Iztaccíhuatl ocupan un lugar destacado por la novedad de que están vistos fuera de su lugar habitual, es decir, el Valle de México. El viaje fue significativo por los grandes cuadros que realizó, como *Vista de la ciudad y valle grande de Oaxaca*, en sus dos versiones: una desde el Cerro del Fortín y la otra desde el Cerro de Monte Albán. Obras como éstas obedecen a otra realidad para ver el paisaje, realidad distinta de la de los cuadros sobre el Valle de México. Pintura excepcional dentro de toda su labor artística es la que realizó sobre la *Catedral de Oaxaca*, por encargo del obispo Gillow, quien la obsequió al papa León XIII. Todo lo que Velasco sabía de arquitectura aparece en esta tela de gran tamaño, en la que la magnificencia del gran monumento se captó de manera admirable.

El maestro pintó otros paisajes sobre las montañas oaxaqueñas, como las vistas del pequeño pueblo de Guelatao. Mención aparte merece su tela sobre *El cardón* gigantesco que se levantaba cerca de la ciudad de Oaxaca; la armonía de los colores empleados, entre ellos el azul del cielo, permite admirar la transparencia del aire en esa región.

José María Velasco vivió alejado de lo que sucedía con la pintura de paisaje fuera de México, en particular con lo que hacían los franceses, y nada supo del movimiento de los impresionistas. Por falta de noticias en periódicos y revistas, y por no haber viajado a Europa, permaneció al margen de los grandes cambios habidos en el arte de la pintura, hasta que en 1889 se le presentó la oportunidad de viajar a París, como delegado oficial del gobierno mexicano, a la Exposición Internacional, en la que expuso quince cuadros, los cuales fueron vistos con relativo interés por parte de los críticos de arte. Por su lado, Velasco mostró especial atención por los cuadros que vio en los museos que visitó tanto en Francia como en Austria, Alemania, Suiza, Italia e Inglaterra. El impacto que le causaron las pinturas que conoció aparece en la correspondencia que envió a su familia. Antes de la clausura de la Exposición fue honrado con la condecoración de Caballero de la Legión de Honor. De este viaje quedan como testimonio los dos cuadros que pintó durante la travesía: *Bahía de La Habana* y *Mar Atlántico*, este último conocido también con el título de *Ultramar*. Estas telas fueron las únicas que trabajó con temas acuáticos, pues siempre fue un paisajista de las montañas y los valles.

En 1893 emprendió un nuevo viaje fuera de México. En esa ocasión asistió a la Exposición Universal de Chicago, en la que mostró catorce de sus cuadros más representativos. Aun cuando la ciudad no fue de su agrado, el éxito lo acompañó; por desgracia, en su correspondencia nada dice respecto de las pinturas que vio, sobre todo las de los paisajistas de la Escuela del Río Hudson, tan celebradas por esos años.

La producción de José María Velasco en la última década del siglo es importante por los cuadros que pintó. De éstos tres ocupan un lugar sobresaliente en el conjunto de cuanto realizó. En 1891 efectuó una visita a Cuernavaca, lo cual le permitió pintar un cuadro de gran tamaño en el que se ocupó de nuevo del Iztaccíhuatl y del Popocatépetl, vistos ahora desde las huertas de la ciudad al caer una tarde cálida. La composición está formada por dos planos; en el inferior las sombras de la tarde cubren a la población y sus huertas, en tanto que el superior está trabajado con unos tonos rojizos que invaden las faldas de las montañas y los volcanes.

Una pintura que muestra a Velasco como un paisajista de singular creatividad es la realizada en 1893: la *Hacienda de Chimalpa*. Toda la grandeza del altiplano mexicano es captada con la maestría de un pintor clásico; los colores fríos, como los distintos tonos de azul, los blancos, sepias y los verdes secos, están empleados con plena sabiduría. El paisaje, con los volcanes al fondo, está visto desde un primer plano, donde crecen plantas propias de la región, como magueyes, nopaleras y xerofitas. A continuación se extiende un amplio espacio, surcado en una parte considerable por ringleras de magueyes cultivados para la producción pulquera, propiedad de la hacienda de Chimalpa, cuya finca también está presente. En esta obra clásica en la pintura del paisaje mexicano hay un equilibrio difícil de superar.

José María Velasco fue un profundo creyente, un católico convencido. Sin embargo, dentro de su prolífica labor no se conoce ninguna imagen religiosa, aunque bien se puede considerar que sus paisajes están inspirados en la naturaleza divina, puesto que para él todo era creación de Dios. Así, para manifestar sus creencias religiosas recurrió al simbolismo. A partir de 1892 trabajó en una serie de cinco cuadros con el tema de *Lumen in coelo*; todos tienen una composición semejante, en la cual la línea del horizonte está demasiado baja; la luz rasante sólo permite iluminar el horizonte con unas ráfagas de color así como a un pastor que guía a sus ovejas hacia un lugar seguro, pues una tormenta se ha anunciado en el cielo gris. En ese páramo hay un dramatismo desconocido en la obra del maestro, dramatismo que llega a su clímax en el cuadro grande realizado en 1898. En éste, las figuras del pastor y las ovejas son de mayor tamaño; él cubre su cuerpo con una cobija color rojo; temeroso y asombrado dirige su mirada hacia el cielo del cual está a punto de desprenderse un amenazante nubarrón negro, mientras más allá del horizonte se ha abierto un claro con la luz de la esperanza. El efecto que este cuadro produce en el espectador es impresionante por los tonos grises y negros. El simbolismo que contiene es el del Buen Pastor guiando a su rebaño.

Los primeros doce años de este siglo coinciden con el último periodo de trabajo de José María Velasco; cuanto produjo en ese tiempo indica la decadencia paulatina en que fue cayendo el gran paisajista. Alejado de los cuadros de gran formato, los que ahora realiza en menor tamaño se ocupan de su tema preferido: el Valle de México; se trata de obras con una luminosidad notable que se refleja en los colores. Otras telas de este periodo contienen grupos de árboles, trabajados con pinceladas breves, así como rocas. Como modelos, en uno y otro caso, utilizó los estudios que guardaba. En su producción final, su estado de salud física y mental fue un factor determinante. En 1901 sufrió la fractura de una pierna; por otra parte, en la Academia las cosas no le eran favorables: en 1903 fue suspendido como profesor de perspectiva y no pasó mucho tiempo para que también dejara la enseñanza de pintura de paisaje. Los tiempos y los gustos cambian; Velasco andaba arriba de los setenta años de edad y para colmo de males padeció un ataque cardiaco, del cual se recuperó, aunque no volvió a salir más al campo y se vio obligado a recluirse en su estudio particular. Toda esta situación le produjo un estado de depresión constante.

Dentro de su producción final se encuentran las tarjetas postales que pintó desde 1905 hasta el día de su fallecimiento. El Servicio Postal Mexicano expedía unas tarjetas de cartulina color crema; en el anverso se anotaba el nombre y la dirección del destinatario, el reverso quedaba libre para escribir brevemente el motivo del envío. Velasco aprovechó este espacio para pintar paisajes con temas variados. El 12 de abril de 1912 trabajaba una de esas tarjetas cuando le llegó la hora de su muerte.

En la historia del arte de México del siglo XIX, José María Velasco ocupa un lugar sobresaliente; ningún otro artista contemporáneo produjo una obra semejante en cuanto a importancia, originalidad y número. Cierto, él se concretó a la pintura de paisaje, pero lo hizo con una entrega admirable, la cual le permitió realizar cuadros que no encuentran equivalencia en el arte académico de su tiempo.

OBRA

Patio del ex convento de San Agustín, 1861

El cabrío de San Ángel [Fábrica La Hormiga], 1863

Rocas de tepetate del río del Olivar del Conde [La Magdalena], 1863

Peñascos de la Peña Encantada (Tepotzotlán), 1864

Peñascos del Cerro de Atzacoalco, 1873

Ahuehuetes de Chapultepec, 1872

La Alameda de México [*Un paseo en los alrededores de México*], 1866

Vista del Valle de México desde el Cerro de Atzacoalco, 1873

Valle de México desde el Cerro de Santa Isabel, 1875

Valle de México desde el Cerro de Santa Isabel [México], 1877

Vista del Valle de México desde el río de los Morales, 1873

Camino a Chalco con los volcanes, 1891

Valle de México desde el Tepeyac [Los volcanes en invierno], 1906

Valle de México desde el Molino del Rey, 1900

El Castillo de Chapultepec, 1899

Volcán de Orizaba desde la hacienda de San Miguelito, 1892

Cañada de Metlac (Citlaltépetl), 1897

Flora del Valle de México, 1869

La Naturaleza, 1879

La caza, 1865

Ahuehuete de la Noche Triste (Popotla), 1885

Pirámide del Sol, 1878

Pirámides del Sol y de la Luna, 1878

Baño de Netzahualcóyotl (Tezcoco), 1878

Vista de la ciudad y Valle Grande de Oaxaca, 1887

Catedral de Oaxaca, 1887

El cardón, 1887

Bahía de La Habana, 1889

Mar Atlántico [*Ultramar*], 1889

Hacienda de Chimalpa, 1893